31 janvier 1853.

CATALOGUE

D'UNE

PRÉCIEUSE COLLECTION

DE

TABLEAUX

ANCIENS

DES PREMIERS MAITRES,

DES ÉCOLES

Italienne, Espagnole, Flamande et Française,

Composant le Cabinet de M. A. DUGLERÉ,

DONT LA VENTE AURA LIEU AUX ENCHÈRES PUBLIQUES,

HOTEL DES VENTES MOBILIÈRES,

RUE DES JEUNEURS, N° 42,

Salle n° 1,

LE LUNDI 31 JANVIER 1853, A UNE HEURE,

Par le ministère de Me **RIDEL**, Commissaire-Priseur à Paris,
Rue Saint-Honoré, 335.

Assisté de M. FERDINAND LANEUVILLE Expert,
rue Neuve-des-Mathurins, 73,

EXPOSITION PUBLIQUE

LES SAMEDI 29 ET DIMANCHE 30 JANVIER 1852,
de midi à 4 heures.

Exemplaire de Beurdeley frère

PARIS.

MAULDE ET RENOU,

IMPRIMEURS DE LA COMPAGNIE DES COMMISSAIRES-PRISEURS,
rue de Rivoli prolongée, au coin de la rue de l'Arbre-Sec.

1853

CONDITIONS DE LA VENTE.

Elle sera faite au comptant.
Les acquéreurs paieront cinq pour cent en sus des adjudications

AVERTISSEMENT

La collection que nous présentons au public formait le cabinet de M. Dugleré : ce nom seul, si connu des Amateurs et des Artistes, est un sûr garant du goût éclairé qui a présidé au choix des œuvres qui la composent. Nous signalerons d'abord, une magnifique suite de Huysmans, de Malines : on sait combien sont rares les œuvres de ce grand paysagiste, de ce merveilleux coloriste dont se sont inspirés si souvent nos premiers maîtres de l'école moderne. Nous citerons ensuite un superbe portrait de la maîtresse de Murillo, qui servit de modele à toutes ses vierges et dans lequel on retrouve, avec plus de liberté dans la touche, toutes les qualités hors ligne de ce génie éminent; ce précieux échantillon serait, comme étude, selon nous, d'un haut intérêt pour un musée; un magnifique Sasso Ferrato, composition capitale de ce maître dont on ne rencontre ordinairement que des têtes; une Mise au tombeau d'Annibal Carrache; une composition du divin Moralès; un champ de bataille de Vélasquez; deux délicieuses cascades de Ruysdaël. Parmi les beaux Prud'hon de cette collection, on remarque le portrait doublement intéressant de madame Roland, ainsi qu'un Satyre embrassant une Nymphe, tableau digne du Corrége. Mentionnons aussi deux ravissantes pastorales et un paravent de Watteau, ainsi qu'un intérieur et deux natures mortes de Chardin. Il serait trop long de faire la nomenclature des œuvres remarquables de ce cabinet, contentons-nous de citer les noms, de Van-Dick, Dominiquin, Ribera, Lesueur, François Mieris, Teniers, Van Bloemen, Vander Meulen, Janet, Reynolds, Robert, Fragonard, Greuze, Lancret.

Après une telle énumération, il n'est pas besoin de nous étendre davantage sur le mérite de cette précieuse collection. L'exposition qui en sera faite, montrera pleinement que dans les éloges que nous lui avons accordés, nous sommes restés bien au-dessous de la vérité.

DÉSIGNATION
DES TABLEAUX.

BERGHEM (Attribué).

1 — A la porte d'une ferme plusieurs paysans sont diversement occupés, une femme trait une vache, et un homme bat du blé; une autre femme, tenant un enfant, les regarde; plus loin, un paysan chasse devant lui une vache et un âne.

Toile. — Haut., 53 c. Larg., 67 c.

BEYS.

2 — Une jeune et jolie vénitienne montre une lettre à son amie, et semble lui recommander la discrétion.

Panneau. — Haut., 27 c. Larg., 19 c.

BLOEMEN (Van).

3 — Les Muletiers.

Toile. — Haut., 40 c. Larg., 56 c.

BOUCHER.

4 — Diane, sur des nuages et entourée d'Amours, contemple Endymion endormi.

Toile. — Ovale.

DU MÊME.

5 — Danse d'enfants.

Toile. — Haut., 34 c. Larg., 44 c.

BRONZINO.

6 — Portrait d'homme.

Peint sur porphyre.

CANALETTI.

7 — Vue du grand canal.

Toile. — Haut., 59 c. Larg., 82 c.

CARRACHE (A.)

8 — Mise au Tombeau.

Le Christ est enseveli par ses disciples; près de lui sont les Saintes Femmes en prières.

Ce tableau a fait partie de la collection du prince Lucien Bonaparte et de celle du baron d'Osset, ministre de la marine.

Cuivre. — Haut., 28 c. Larg., 36 c.

CHARDIN.

9 — Le Salon d'un amateur.

Un personnage, les mains dans un manchon, admire des tableaux, tandis qu'un autre, appuyé sur une table près d'une fenêtre, lit un journal.

Toile. — Haut., 35 c. Larg., 48 c.

DU MÊME.

10 — Une petite fille vêtue de rose et tenant son chien dans ses bras.

Toile. — Haut., 79 c. Larg., 63 c.

CHARDIN (Daté 1731).

11 — Nature morte.

Toile. — Haut., 38 c. Larg., 31 c.

DU MÊME.

12 — Même sujet.

Même dimension.

CRAYER.

13 — Esquisse du portrait du duc de Nassau.

Il est à cheval et il tient à la main son bâton de commandement.

Toile. — Haut., 38 c. Larg., 31 c.

CUYP (Albert).

14 — Trois vaches au pâturage. Dans le fond du tableau de hautes montagnes se perdent dans la vapeur.

Collection du duc de Vendôme.

Toile. — Haut., 56 c. Larg., 41 c.

DELEN (Van).

15 — Vue d'un magnifique palais et de ses dépendances, orné d'un grand nombre de figures.

Toile. — Haut., 32 c. Larg., 25 c.

DICK (Van), en Italie.

16 — La Sainte-Vierge allaitant l'Enfant Jésus ; on aperçoit derrière eux saint Joseph ; des chérubins, dans des nuages, contemplent cette scène.

Ce tableau est gravé.

Toile. — Haut., 1 m. 28 c. Larg., 1 m.

DU MÊME.

17 — Portrait de Côme de Médicis.

Ovale. — Toile. — Haut., 53 m. Larg., 44 c.

DICK (Van). Daté 1637.

18 — Portrait de la comtesse Lucy de Carlisle, fille de Carl de Northumberland.

De grands cheveux bouclés tombent sur ses épaules; elle est vêtue d'une robe noire doublée de rouge.

Bois. — Haut., 36 c. Larg., 20 c.

DU MÊME (Esquisse).

19 — Le bon Samaritain.

Bois. — Haut., 30 c. Larg., 25 c.

DIETRICH.

20 — Portrait d'un homme à barbe blanche.

Bois. — Haut., 33 c. Larg., 25 c.

DOMINIQUIN.

21 — Martyre de saint Etienne au pied d'une ruine.

Toile. — Haut., 32 c. Larg., 42 c.

DUJARDIN (Karel).

22 — Un troupeau de moutons dans un pâturage, un âne est sur la droite du tableau.

Bois. — Haut., 21 c. Larg., 28 c.

FRAGONARD.

23 — Portrait d'une jeune femme.

Un petit chapeau à plume est coquêtement posé sur sa tête; elle est vêtue d'une robe rose et d'un mantelet noir doublé de rose; elle porte un manchon.

Bois. — Haut., 16 c. Larg., 11 c.

DU MÊME.

24 — Henri IV et Gabrielle.

Ils sont assis dans un parc; un Amour caché dans des nuages leur décoche une flèche.

Toile. — Haut., 47 c. Larg., 37 c.

DU MÊME.

25 — L'Amour domptant un lion.

Ovale. — Toile.

GOUFFIER (Peintre du roi Louis XV).

26 — Portrait de Mme Dubarry.

Elle est représentée dans un appartement du château du Coq, à Auteuil.

Elle est assise sur un canapé; elle tient une lettre et fixe avec impatience une pendule placée sur un meuble; une servante vient de placer son déjeuner près d'elle.

Bois. — Haut., 22 c. Larg., 29 c.

GREUZE.

27 — Portrait de Guibert, architecte de Louis XV et de Louis XVI.

Il tient un carton et un crayon de la main gauche.

Toile. — Haut., 65 c. Larg., 54 c.

GREUZE (J.-B.)

28 — Portrait de l'artiste à l'âge de quarante ans.

Il est vêtu d'un habit vert et d'un gilet jaune; une cravate blanche est nouée négligemment autour de son cou.

Toile. — Haut., 56 c. Larg., 46 c.

DU MÊME.

29 — Petite fille tenant une colombe.

Toile. — Haut., 31 c. Larg., 24 c.

GREUZE (Dessin).

30 — Tête de jeune fille, au crayon rouge.

GRIEFF.

31 — Divers reptiles dans un marais.

Toile. — Haut., 81 c. Larg., 56 c.

GUARDI.

32 — Portrait d'un homme à barbe.

Il est vêtu d'un manteau rouge.

Bois. — Haut., 14 c. Larg., 10 c.

DU MÊME.

33 — Trois petits tableaux renfermés dans le même cadre.

Ils représentent des monuments d'Italie en ruines.

Toile. — Haut., 17 c. Larg., 10 c.

HUYSMANS.

34 — Lisière d'une forêt : on aperçoit au loin les ruines d'un château. Quelques figures ornent ce tableau.

Toile. — Haut., 36 c. Larg., 46 c.

DU MÊME.

35 — Les disciples d'Emmaüs. Paysage accidenté.

Toile. — Haut., 68 c. Larg., 53 c.

DU MÊME.

36 — Des paysans font paître leurs troupeaux au bord d'une forêt agitée par le vent. Une rivière, un bateau, et un homme qui le dirige, diversifient la composition. De hautes montagnes bornent l'horizon.

Toile. — Haut., 57 c. Larg., 70 c.

DU MÊME.

37 — Paysage avec cascades, orné de jolies figures.
Pendant du précédent.

Même dimension.

DU MÊME.

38 — Riche paysage montagneux traversé par un fleuve chargé de navires.

Toile. — Haut., 82 c. Larg., 18 c.

DU MÊME.

39 — Au pied d'une montagne boisée plusieurs belles vaches sont au repos.

DU MÊME.

40 — Paysage très accidenté. Le soleil éclaire vivement un terrain éboulé; de grands arbres ornent la droite du tableau, à gauche se trouve une fontaine auprès de laquelle des paysans se reposent.

DU MÊME.

41 — Magnifique site. Sur le premier plan, un éclatant rayon de soleil s'échappe à travers des arbres; plusieurs pâtres gardent un troupeau de moutons.

DU MÊME.

42 — Dans un paysage agreste, des paysans gravissent péniblement une route montueuse remplie de fondrières.

Toile. — Haut., 25 c. Larg., 31 c.

DU MÊME.

43 — Vue d'une plaine marécageuse, ornée de quelques figures.
Pendant du précédent.

Même dimension.

DU MÊME.

44 — De hautes montagnes sont à l'horizon, à leur base se dessine un beau lac. Sur le devant du tableau des paysans se reposent près d'un terrain éboulé.

Toile. — Haut., 22 c. Larg., 27 c.

DU MÊME.

45 — Dans un paysage baigné par une rivière, au bas de hautes montagnes, est situé un village. Sur le premier plan trois voyageurs sont arrêtés et causent ensemble.

Pendant du précédent.

Même dimension.

DU MÊME.

46 — Dans une forêt marécageuse, devant un terrain éboulé couvert de broussailles, un troupeau se désaltère.

Toile. — Haut., 57 c. Larg., 81 c.

JANET (dit Clouet).

47 — Portrait de don Juan d'Autriche.

Il est couvert d'une cuirasse damasquinée en or, et il est monté sur un cheval blanc.

Bois. — Haut., 31 c. Larg., 23 c.

DU MÊME.

48 — Portrait du duc de Guise, le Balafré.

Bois. — Haut., 37 c. Larg., 27 c.

JANET.

49 — Portrait de Jeanin, gouverneur de Soissons.

Toile. — Haut., 39 c. Larg., 34 c.

LANCRET.

50 — Une nombreuse société s'est réunie dans un parc pour faire un repas champêtre. Un homme et une femme dansent.

Toile. — Haut., 42 c. Larg., 31 c.

DU MÊME.

51 — Les Dénicheurs d'oiseaux.
Pendant du précédent.

Même dimension.

DU MÊME.

52 — Jeune fille cueillant du raisin.

Toile. — Haut., 72 c. Larg., 59 c.

LEBRUN (Mme).

53 — Portrait d'une jeune femme ayant les cheveux poudrés.

Toile. — Haut., 54 c. Larg., 48 c.

LEMOINE.

54 — Diane au bain.

Toile. — Haut., 21 c. Larg., 25 c.

LENAIN.

55 — De petits marchands de volailles se reposent en faisant une partie de cartes.

Toile. — Haut., 1 m. 11 c. Larg., 87 c.

LESUEUR.

56 — Apparition de Jésus-Christ à la Samaritaine.

Toile. — Haut., 98 c. Larg., 82 c.

MARIETTO ALBERTINELLI.

57 — La Vierge, assise dans un paysage, tient l'Enfant Jésus sur ses genoux, saint Jean est auprès d'elle.

Bois. — Haut., 80 c. Larg., 63 c.

MEULEN (Van der).

58 — Choc de cavalerie.

Bois. — Haut., 21 c. Larg., 31 c.

MIERIS (François).

59 — Portrait du peintre.

Il est vêtu d'une robe de chambre écarlate. Il tient un dessin, et près de lui, sur une table, sont placés sa palette et ses pinceaux. Par une fenêtre ouverte, on voit la campagne.

Le nom du peintre dispense de tout éloge; contentons-nous de dire qu'il est de la plus belle exécution.

Bois. — Haut., 24 c. Larg., 19 c.

MORALÈS.

60 — La Sainte Vierge soutenant son divin Fils.

Il y a dans ce tableau, un sentiment sublime et inimitable.

Gravé.   Bois. — Haut., 62 c. Larg., 53 c.

MURILLO.

61 — Portrait de sa maîtresse.

Elle a une rose dans les cheveux et un bracelet au bras gauche.

Ce beau portrait est une des œuvres les plus ravissantes du maître. Le modelé et la suavité des teintes ne laissent rien à désirer.

Toile. — Haut., 75 c. Larg., 61 c.

DU MÊME.

62 — Un saint écrivant sous l'inspiration de la Sainte Vierge.

Dans le haut du tableau, une gloire d'Ange jette des fleurs.

Cuivre. — Haut., 22 c. Larg., 17 c.

DU MÊME.

63 — Vision d'une religieuse.

Des roses s'échappent de ses mains; devant elle l'Enfant Jésus assis sur une corbeille, lui tend les bras, et la regarde avec amour.

Toile. — Haut., 53 c. Larg., 58 c.

DU MÊME.

64 — Femme du peuple portant un panier de fruits sur sa tête.

Toile. — Haut., 1 m. 16 c. Larg., 79 c.

DU MÊME.

65 — Un homme, un bâton à la main, portant sur sa tête un panier chargé de légumes.
Pendant du précédent.

Même dimension.

POUSSIN (Nicolas).

66 — La Vierge est assise sur une ruine, l'Enfant Jésus, une rose à la main, est auprès d'elle; saint Jean et saint Joseph, un livre à la main, sont placés derrière eux.

Gravé.   Toile. — Haut., 90 c. Larg., 73 c.

PRUDHON.

67 — Portrait de Mme Roland.

Un ruban bleu est passé dans ses cheveux, un fichu de gaze transparent couvre sa poitrine, et elle est vêtue d'une robe de soie rayée.
C'est une des plus belles œuvres de l'artiste.

DU MÊME.

68 — Un Satyre embrassant une Nymphe.

Tableau digne du Corrège.

Toile. — Haut., 45 c. Larg., 35 c.

DU MÊME.

69 — Portrait de M. de Sommariva.

Il est assis dans son parc.

Haut., 19 c. Larg., 14 c.

DU MÊME.

70 — Portrait d'une jeune femme nonchalamment appuyée sur une balustrade dans un parc.

Toile. — Haut., 72 c. Larg., 59 c.

DU MÊME.

71 — Portrait d'un officier de la garde nationale sous la République.

DU MÊME.

72 — Oreste poignardant sa mère.

>Donné par l'auteur à M. Denon, directeur du Musée de Dijon.

>Toile. — Haut., 44 c., Larg., 36 c.

REYNOLDS.

73 — Deux petits mendiants prenant leur repas.

>Tableau inspiré de Murillo.

>Toile. — Haut., 1 m. 23 c. Larg., 98 c.

DU MÊME.

74 — Portrait de lord Byron.

>Toile. — Haut., 65 c., Larg., 55 c.

RIBERA.

75 — Saint Joseph.

>Toile. — Haut., 69 c. Larg., 55 c.

DU MÊME.

76 — Suzanne et les vieillards.

>Toile. — Haut., 97 c. Larg., 1 m. 23 c.

DU MÊME.

77 — Déborah.
Même dimension.

RIGAUD.

78 — Portrait du président d'Aguesseau, tenant un livre à la main.
Toile. — Haut., 40 c. Larg., 32 c.

ROBERT.

79 — Un palais en ruines.
Toile. — Haut., 57 c. Larg., 43 c.

DU MÊME.

80 — A travers des portiques en ruines on aperçoit un bassin où des femmes vont puiser de l'eau.
Même dimension.

DU MÊME.

81 — Intérieur d'un palais dans lequel se trouve une fontaine.
Toile. — Haut., 40 c. Larg., 32 c.

RUBENS.

82 — L'Arc en ciel.

Très beau paysage traversé par une rivière. Sur le premier plan, quelques paysans écoutent un jeune pâtre qui joue de la flûte.
Toile. — Haut., 81 c. Larg., 1 m. 36 c.

RUYSDAEL (Jacques).

83 — Paysage boisé et montagneux.

Sur le premier plan, un fleuve vient se briser en cascades sur des rochers. Effet de soleil levant.

De la collection de M. le baron de Varange.

Bois. — Haut., 27 c. Larg., 22 c.

DU MÊME.

84 — Même sujet. Soleil couchant.

Pendant du précédent.

Il a fait partie de la collection de M. Kalkbrenner.

Bois. — Haut., 27 c. Larg., 22 c.

SASSO FERRATO.

85 — La Sainte-Vierge, debout, porte l'Enfant Jésus endormi dans ses bras; près d'elle est saint Joseph appuyé sur un bâton.

Ce tableau est un des plus beaux et des plus capitaux de ce maître. Nous ne connaissons que celui qui a appartenu à M. Boursault qui puisse lui être comparé, et nous rappellerons qu'il a été vendu en Angleterre un prix considérable.

Il a fait partie de la galerie Riccardi, de Florence.

Toile. — Haut., 1 m. 5 c. Larg., 95 c.

TENIERS (D.)

86 — Portrait de sa femme.

Elle est couverte d'une pelisse de velours bordée de fourrures; près d'elle est une vieille femme.

Bois. — Haut., 15 c. Larg., 12 c.

DU MÊME.

87 — Intérieur de village traversé par un canal; plusieurs paysans sont attablés à la porte d'un cabaret. Sur le devant du tableau quelques ustensiles de cuisine sont dispersés.

Bois. — Haut., 24 c. Larg., 34 c.

DU MÊME.

88 — Les Joueurs de quilles.

Bois. — Haut., 24 c. Larg., 33 c.

DU MÊME.

89 — Le Charlatan.

Toutes ses fioles sont étalées sur une table devant lui.
De la galerie Choiseul.

Toile — Haut., 25 c. Larg., 19 c.

VELDE (A., Van Den).

90 — Paysage baigné par un ruisseau sur lequel on a jeté un pont de bois; quelques fabriques, une route, complètent la composition. Un voyageur, monté sur un cheval blanc, semble prier un paysan de lui indiquer son chemin.

Bois. — Haut., 32 c. Larg., 44 c.

VÉLASQUEZ.

91 — Champ de bataille : un trompette sonne la retraite.

Toile — Haut., 44 c. Larg., 61 c.

WATTEAU (Ant.)

92 — Les plaisirs champêtres.

Un jeune seigneur et une dame dansent au son de la musette et de la flûte; près d'eux un jeune couple est assis et cause.

Charmant tableau de ce maître si séduisant: il est traité à la manière de Rubens.

Bois. — Haut., 39 c. Larg., 62 c.

DU MÊME.

93 — Une femme debout, vêtue de satin blanc, écoute un homme assis dans un bosquet et qui pince de la guitare.

Ce charmant tableau réunit à un haut degré toutes les qualités de cet éminent artiste.

Rond. — Bois.

DU MÊME.

94 — Portrait de Mezzetin, en scapin.

Toile. — Haut., 39 c. Larg., 31 c.

WATTEAU (Ant.).

95 — Tête de Satyre sur fond d'or, avec des attributs de musique.

Bois. — Ovale.

DU MÊME.

96 — Plusieurs pièces de gibier sont déposées au pied d'un arbre; plus loin, un chasseur et son chien.

Toile. — Haut., 36 c. Larg., 45 c.

WATTEAU (Ant.)

97 — Beau paravent composé de quatre feuilles.

Il a appartenu à Mme Dubarry.

Les ornements et les arabesque sont d'une grande finesse d'execution.

Gravé.

ZURBARAN.

98 — Trois têtes de Génies.

Toile. — Haut., 50 c. Larg., 60 c.

DU MÊME.

99 — Saint Laurent tenant d'une main son gril et de l'autre la palme du martyre.

Toile. — Haut., 64 c. Larg., 37 c.

ÉCOLE ITALIENNE.

100 — Ruines d'Italie.
Ovale.

ÉCOLE ESPAGNOLE.

101 — Portrait d'un jeune garçon.
Ovale.

ÉCOLE FLAMANDE.

102 — Petit portrait d'homme vêtu de noir avec une large collerette.

MÊME ÉCOLE.

103 — Vue de la porte d'une ville. Petit tableau orné de figures.
Bois. — Haut., 16 c. Larg., 21 c.

www.ingramcontent.com/pod-product-compliance
Lightning Source LLC
Chambersburg PA
CBHW051532240526
45471CB00019B/1316